RÉPUBLIQUE FRANÇAISE

Fédération Démocratique

DE

L'ARRONDISSEMENT DE LONS-LE-SAUNIER

GROUPE

LONS-LE-SAUNIER
IMPRIMERIE CONSTANT VERPILLAT
1897

PROGRAMME DE LA FÉDÉRATION

de Lons le-Saunier

Electeurs,

De toutes parts le parti démocratique comprend la nécessité d'une organisation puissante, qui lui permette de faire triompher ses légitimes revendications.

La République ne peut être confisquée au profit d'une oligarchie financière qui écrase le pauvre sous le poids des impôts et qui s'exempte elle-même des charges communes.

La République ne peut pas être le gouvernement d'une caste, le monopole de la noblesse d'argent, plus dangereuse et plus arrogante que l'aristocratie de naissance; elle doit ouvrir ses rangs à toutes les capacités et à toutes les intelligences.

La République ne sera pas le gouvernement d'une théocratie, prenant son mot d'ordre à Rome : la République sera française et non italienne ; elle s'inspirera des traditions nationales qui ont fait la force et la gloire de notre patrie ; elle se rappellera que, fille de la Révolution, elle trouva dans son berceau un noble héritage et qu'elle doit rester fidèle aux grands principes de tolérance, de liberté et d'égalité qui seuls peuvent la préserver des dangers du dehors, et au-dedans des périls de l'anarchie et du socialisme révolutionnaire.

La République sera le gouvernement de tous ; à la démocratie appartient en dernier ressort le droit de disposer de son argent comme de ses destinées ; nul n'a le droit d'engager ses finances sans sa permission, ses ressources militaires ou économiques sans sa volonté. Contre un Sénat rétrograde, dernière forteresse du privilège et de l'aristocratie financière, la démocratie a le droit de protester et de rappeler qu'il n'y a qu'un seul souverain en France, c'est le peuple qui paie et travaille.

Agriculteurs, ouvriers, vous versez au fisc le tiers au moins de vos revenus : on taxe le vin que vous buvez, le pain que vous mangez ; l'impôt vous frappe en raison inverse de vos ressources ; plus vos charges sont grandes, plus vos impositions sont lourdes.

A côté de vous, les financiers, les millionnaires paient des sommes dérisoires et c'est à vous qu'incombe la lourde tâche d'alimenter un budget de plus de 3 milliards qui sert des traitements exorbitants à certains fonctionnaires dont parfois le seul mérite est la servilité.

Et lorsque vous demandez une plus équitable répartition des charges publiques, vous entendez des millionnaires et leurs candidats aux élections vous appeler des révolutionnaires dangereux !

Lorsque vous demandez l'impôt sur le revenu, il se trouve des sénateurs qui, ayant perdu tout sentiment d'équité, prétendent que vous voulez chanter la *Carmagnole*.

Vous ne vous laisserez pas troubler par ces grotesques insultes ; fermes et inébranlables dans la revendication de vos droits, vous vous unirez pour le triomphe de la République démocratique.

Pour arriver à ce but, vous prêterez votre concours à la Fédération qui a pour but de réunir vos forces et de les diriger contre les adversaires coalisés de la République.

STATUTS DE LA FÉDÉRATION CENTRALE

FÉDÉRATION CENTRALE

ARTICLE PREMIER

Réunis à Lons-le-Saunier, les délégués des groupes communaux forment la Fédération centrale des groupes républicains démocratiques de l'arrondissement

ART. 2

Chaque année la Fédération centrale tient une assemblée générale ordinaire, à la date fixée par le Comité central.

COMITÉ CENTRAL

ART. 3

Dans son assemblée générale ordinaire la Fédération procède, au scrutin secret, à l'élection de son Comité chargé d'administrer la Fédération démocratique et de correspondre avec le Comité central départemental composé des membres de chaque arrondissement.

Le Comité central est composé de 12 membres. Les Président, Trésorier et Secrétaire

sont, autant que possible, choisis dans le chef-
lieu d'arrondissement.

ART. 5

Les fonds recueillis par les soins des tréso-
riers des groupes communaux, cantonaux et du
chef lieu de l'arrondissement, sont uniquement
destinés à la propagande par la presse, les bro-
chures et les conférences.

STATUTS DES GROUPES COMMUNAUX

ARTICLE PREMIER

Dans toutes les communes où la Fédération
compte un minimum de huit fédérés, il est ins-
titué un groupe communal.

ART. 2

Peuvent être fédérés tous les électeurs de la
commune qui signent une lettre d'adhésion au
programme de la Fédération et qui sont pré-
sentés par deux membres du groupe.

ART. 3

Les fédérés paient une cotisation de 1 fr. par
an. Cette somme est versée par moitié au
groupe cantonal, et l'autre moitié à la caisse
centrale.

ART. 4

Le paiement des cotisations est constaté par la signature du secrétaire apposée sur les dernières pages du livret dont est pourvu chaque sociétaire !

Le prix du livret est à la charge du sociétaire.

ART. 5

Tout fédéré qui n'acquitte pas ses cotisations avant le 31 janvier, ne peut pas prendre part aux délibérations du groupe.

ART. 6

Tout fédéré dont la situation financière n'est pas régularisée au 31 décembre est rayé des rôles de son groupe.

ART. 7

Chaque année, en décembre, le groupe se réunit en réunion générale et nomme son Bureau dont le délégué est chargé de correspondre soit avec le groupe cantonal soit avec le Comité de l'arrondissement. Ce délégué est chargé de le représenter à l'assemblée générale de la Fédération.

Les groupes communaux ont droit à un délégué par dix fédérés.

ART. 8

Chaque année, le 31 janvier au plus tard, les

groupes adressent au Comité central de la Fédération, par l'intermédiaire du Secrétaire du groupe cantonal :

1° La liste de leurs membres, de ceux de leur Bureau et de leurs délégués.

2° Les cotisations dues à la Fédération centrale pour l'année qui commence.

ART. 9

Le Secrétaire du groupe devra chaque année rédiger un procès-verbal de la réunion générale et le faire signer par les membres du Bureau présents à la séance.

REVISION DES STATUTS

La revision totale ou partielle des statuts est discutée dans l'assemblée générale annuelle dont les décisions sont prises à la majorité absolue des votants.

ARTICLE ADDITIONNEL

Nul ne peut être élu membre du Comité central s'il est revêtu d'un mandat électif rétribué.

Le Comité de la Fédération.

COTISATIONS ANNUELLES

1897	
1898	
1899	
1900	
1901	
1902	

COTISATIONS ANNUELLES

1903	
1904	
1905	
1906	
1907	
1908